Theo von Taane

Witze rund ums
Fechten

Humor & Spaß : Neue Witze aus
dem Fechtsport, lustige Bilder und
Texte zum Lachen mit Fleche
Effekt!

Bibliografische Information der Deutschen Nationalbibliothek:
Die Deutsche Nationalbibliothek verzeichnet diese Publikation in der Deutschen Nationalbibliografie; detaillierte bibliografische Daten sind im Internet über http://dnb.dnb.de abrufbar.

Texte und Illustrationen: **Theo von Taane**

Herstellung und Verlag: BoD – Books on Demand, Norderstedt

ISBN: 9783734731976

Witze rund ums Fechten

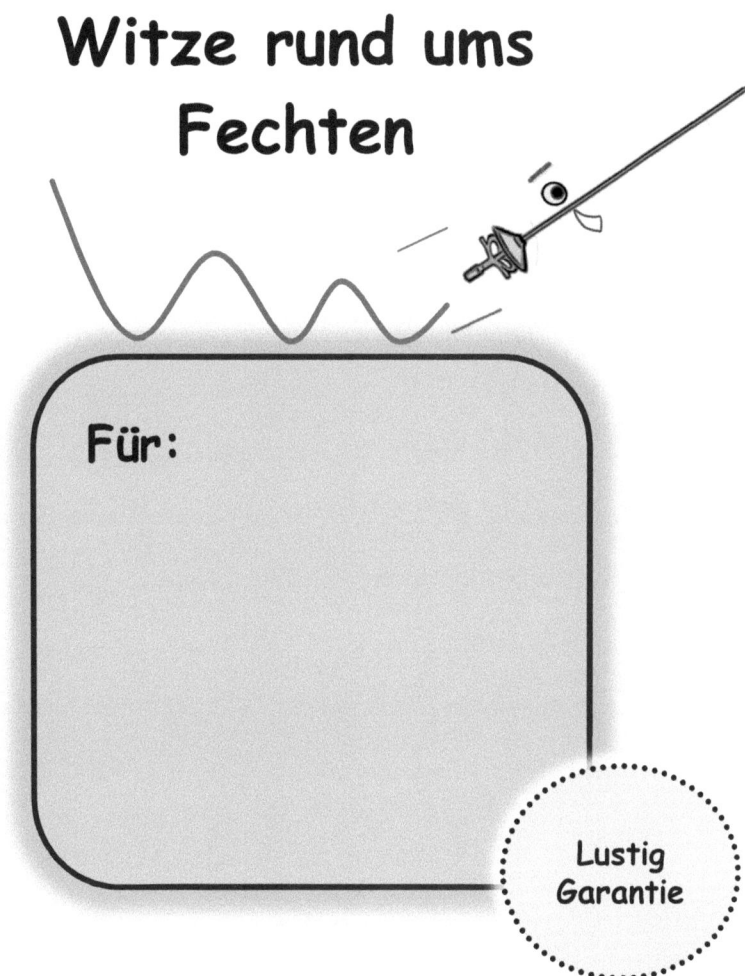

Für:

Lustig
Garantie

Inhaltsverzeichnis   Seite

1. Im Verein

Fleche in der Seniorenmannschaft

Zwei alte Herren unterhalten sich nach dem Fechtkampf. Sagt der eine:

„Hast du meinen Fleche gesehen, das war ein Angriff wie in jungen Jahren."
Darauf der andere: „Na ja, aber den Herzkaspar hatte der andere schon
bekommen noch bevor du angefangen hattest."

Schüler schlägt Meister

Taschenlampe

Fechter infernale

Während der Pause der Trainer zu seinem Fechter: „Also du musst Dich nun langsam mal entscheiden, welchen Karriereweg du einschlagen möchtest. Entweder der weltbeste Slapstick-Darsteller werden oder der Gewinner dieses Fechtkampfes. Beides gleichzeitig geht nicht."

No Name

Auf den Hund gekommen!

„Hallo Herr Meyer, dass sie ihren Hund mit zum Fechten nehmen ist grundsätzlich in Ordnung, aber dass er bei jeder Pause die andere Seite der Fechtbahn neu markiert geht nun wirklich zu weit."

Zukunftspläne

Kampfverlust

„Hallo Herr Meyer, sagen sie mal weshalb kniet denn unser Trainer neben der Fechtbahn und schaut permanent auf den Boden?" Meyer:
„Er sucht das Körnchen Glück, dass ihm fehlte um den letzten Fechtwettkampf zu gewinnen."

Schnelligkeit

„Mensch ihr Sohn hat ja eine tierische Geschwindigkeit beim Fechten drauf, vergleichbar mit....wie heißt noch einmal das Tier mit dem Panzer auf dem Rücken?"

Erfrischung

„Ich muss schon sagen, sehr erfrischend wie unser teuer eingekaufter Neuzugang fechtet. Nein, nicht was sie jetzt denken, sondern er sorgt als Luftnummer durch seine unkoordinierten Bewegungen immer wieder für frische Verwirbelungen mit kühlendem Luftstrom."

Sparringspartner

Patinando

„Wow, das war wirklich ein bombastischer Patinando. So etwas habe ich noch nie gesehen. Dieser kraftvolle Start wie in Zeitlupe und dann diese abrupte harte Landung mit nahezu ganzer Körperfläche auf dem Boden.

Ich sag es ja immer, besser man macht einen Doppelknoten in seine Schnürsenkel."

Mobilfunk

„Hallo Herr Meyer wissen sie warum uns der Trainer zuruft, wir sollen unsere handys und smartphones ausschalten?" Meyer:

„Na offenbar möchte er den aktuellen Höhenflug seines Schützlings nicht gefährden und durch das Mobilfunkverbot den typischen Absturz in den letzten 30 Sekunden des Fechtkampfes vermeiden."

Ärzte ohne Grenzen

Der Fecht Nerd

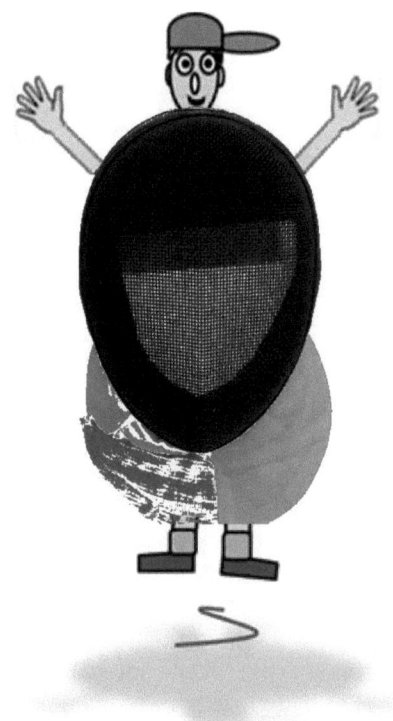

Renovierung der Vereinsräumlichkeiten

Vereinsmitglied zum Hallenwart:
„Das hatten wir ja noch nie. So viele Vereinsmitglieder, die freiwillig helfen die Vereinsräumlichkeiten aufzuräumen und auch zu renovieren. Toll diese Moral."
Hallenwart:
„Ja unglaublich wie die Nachricht um eine gefundene historische Goldmünze die Moral verändern kann, selbst wenn es sich um meine eigene handelt, die ich verloren hatte, aber das will ja keiner hören."

Verfolgung

> Hilfe, lass mich bitte rein ein vierbeiniger Shredder verfolgt mich!

> Hier ist schon alles besetzt. Schmeiß Dich doch in den Matsch und tarne dich mit Schlamm.

Psychologie

Coach zu seinen Schützlingen nach dem Wettkampf in der Halle des anderen Vereins:

„Um euren Gegner schlagen zu können solltet ihr ihn auch insbesondere psychologisch gut einschätzen können. Wenn ihr z.B. merkt, dass er wütend ist und jeden Schlag mit großer Wucht ausführen möchte, dann nehmt immer nur ein kleines bisschen die Deckung runter was ihn dann aufgrund der immer wieder von euch rechtzeitig abgeblockten Schläge so stark ärgert, dass er dann zunehmend unaufmerksamer wird und nicht mehr auf seine Verteidigung achtet und ihr dann schnell nach einem Cavation den Kampf entscheidenden Ausfall ansetzen könnt. Hier zum Beispiel, nehmen wir diesen Kämpfer dort drüben bei den Senioren, wie würdet ihr seine psychologische Verfassung einschätzen?" Darauf eines der Teammitglieder:

„Stark übernächtigt, Trinkerseele, humpelt leicht durch Knieverletzung, hat also Null Kondition und Beweglichkeit. Bei diesem Kämpfer reicht es, ein paar Finten zu setzen, ihn laufen zu lassen und dann nur noch quasi auf den richtigen Moment zur Nutzung der Lücke in seiner Flanke zum finalen Hieb zu warten." Trainer:

„Das ist ja toll analysiert, woraus entnimmst Du denn die ganzen Details?" Teammitglied: „Na ich werde ja wohl meinen eigenen Onkel kennen."

Woodoo

„Sag mal Peter, wer ist denn dieser komisch gekleidete Kauz da drüben der aussieht wie ein Ureinwohner aus der Südseer?" Peter:
„Ach den, den hat unser Vorstand speziell für das Fechtturnier eingekauft."
„Kann der denn so gut Fechten ?"
„Das nicht, aber sofern wir bei entscheidenden Wettkämpfen zu verlieren drohen, beginnt er mit den Verfluchungen der Gegner mit seiner Voodoo Puppe."

Erste Erfahrungen im Fechten

Der kleine Paul war das erste Mal mit im Fechtverein und hat seinen Vater beim Fechten zugeschaut. Anschließend prahlte er:
„Mein Vater ist der beste Fechter auf der Welt. Er hat die meisten Schläge mit seinem Körper fangen können."

Ansprache

Nach dem Fechtkampf spricht der Vereinsvorstand vor versammelter Mannschaft: „Wir haben zwar heute nicht gewonnen, aber nach dieser Vorstellung bin ich schon froh, dass keiner bei dem Versuch den Gegner zu schlagen sich in seinem Körperkabel verhäddert hat und tödlich aufgeschlagen ist.

Geduld

Zwei Vereinsmitglieder schauen sich einen Fechtkampf an, sagt der eine:

„Warum sitzt denn Rüdiger immer noch auf der Bank neben der Fechtbahn statt weiterzukämpfen?" Darauf der andere:

„Na weil ihm der Trainer gesagt hat er soll auf den richtigen Augenblick zum Angriff warten."

Andacht

„Sag mal warum steht denn die ganze Mannschaft schweigend vor der Fechtbahn dort hinten mit gefalteten Händen, gesenkten Kopf und abgenommenen Mützen?"

„Na weil wir uns dort im letzten Wettkampf die entscheidende Niederlage gegen den Meisterschaftssieg eingefangen haben und diesem nun die letzte Ehre erweisen."

„Und warum stehen dann alle Mannschaftsmitglieder da und nicht nur der Kämpfer der das zu verantworten hat?"

„Die anderen stellen den Vollzug sicher."

Dirty Talking

Komm, sag mir was Versautes, mach mich scharf!

Versprechen

„Sag mal, wieso trägt Frank beim Fechten jetzt seine Sachen falsch herum, also das, was normalerweise innen ist, nach außen?"

„Na beim letzten Wettkampf hatte er so schlecht gekämpft, dass er versprach seine ganze Kampfweise umzukrempeln."

„Ja schon, aber dass er jetzt seine Unterhose umgedreht nach außen trägt finde ich jetzt schon ein wenig geschmacklos."

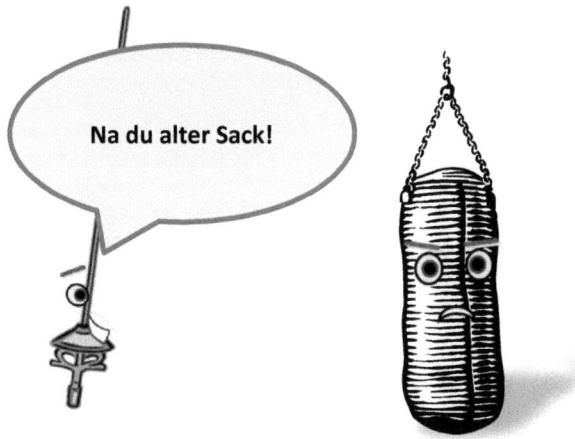

Verabredung

Anton und Peter trainieren außerhalb des regulären Trainings Patinandos, da klingelt das Handy von Anton. Anton nimmt ab und nach einer Weile sagt er zu Peter:

„Meine Frau hat gerade angerufen und mir gesagt, dass sie heute Abend erst sehr spät nach Hause kommen wird." Peter:

„Ja und?" Anton:
„Na sie weiß nichts von unserem Herrenabend heute und hat gesagt, dass sie mit dir den ganzen abend eine wichtige Präsentation für morgen vorbereiten muß."

Grobe Entfernung

Peter, du lässt uns keime Wahl. Du übertreibst es wieder mit dem Training, 20 Stunden am Stück kann definitiv nicht gesund sein!

Grundstück

Hast du schon gehört dass man jetzt Teile unserer Fechtbahne ideell kaufen kann? Man kann einen Namen vergeben, bekommt sogar eine Urkunde. Nette Sache als Geschenk. Und der Verein kann mit den Einnahmen die Vereinsräume renovieren."

„Theoretisch hast du recht. Aber es gibt hier ein paar Mitglieder die das ganze etwas zu ernst nehmen."

„Wieso?"

„Na schau doch mal zur linken Fechtbahn rüber, hier haben sich die Müllers die eine Hälfte gekauft und gleich komplett umzäunt."

Kampftaktik

Zwei Vereinsmitglieder schauen sich den Fechtkampf von Nachwuchskämpfern der A-Jugend an, sagt der eine zum anderen:

"Also ich finde, dass die Taktik von Peters Angriffskampf dem eines Schachspiels ähnelt."

„Aber dann muss er wohl der König sein, da er nie mehr als einen Schritt in Richtung Gegner läuft."

Masken Jagd

Kommt doch, wo seid ihr? Ich will mit euch nur ein bisschen schlagen.

Für wie blöd hält der uns eigentlich?

Treibsand

„Warum stellt der Coach vor dem Fechtbahn ein Schild mit der Aufschrift ‚Achtung Treibsand, betreten verboten' auf und weshalb stehen seine Fechter daneben und schauen gebannt zu?"

„Die Fechter sind unsere Mannschaft bei den Junioren und der Coach kann sich das schlechte Abschneiden der Mannschaft nur noch dadurch erklären, dass der Untergrund des Platzes aus Treibsand besteht."

„Das verstehe ich nicht."

„Na der Trainer hat so intensiv mit den Kämpfern taktisch gute Schlagkombinationen und an der Technik gearbeitet, dass als einzige Erklärung nur noch Treibsand in Frage kommt, der im Fechtkampf alle guten Schläge und eintrainierten Taktiken unserer Mannschaft rückstandslos verschluckt haben muss."

Fechthandschuhe

Unterhalten sich zwei Fechthandschuhe, sagt der eine:

„Also ich mach das nicht mehr lange mit, andauernd werde ich gestochen, meine Lederhaut ist schon ganz aufgeplatzt, meine Aufschrift verfranzt und nach einem Kampf bin ich immer ganz zerknautscht."

Darauf der andere:

„Ja was hast du denn erwartet von deinem Job als Fechthandschuh?"

Darauf der andere:

„Das ich gestochen werde, halte ich schon aus, aber beworben hatte ich mich als Schutzhandschuh und nicht Einmalhandschuh. Weißt du was, langsam glaube ich, dass ich das Opfer einer Verwechselung bin…"

Tierisch

Eine Ziege und ein Esel fechten zusammen. Nach einem harten Hieb des Esels fällt eines der Hörner der Ziege abgesäbelt zu Boden. Sagt die Ziege: „Macht nichts, das hätte mir auch passieren können."

Maske

Hüpfende Bälle beim Fechten

„Den schönsten Filo-Faktor gab es heute im Damendegen bei Sabine mit ihren hüpfenden Bällen zu sehen."

Bodenspiel

„Den aktivsten Part in deinem Fechtkampf heute hatte der Boden unter Dir."

Diebstahl

Irre

Treffen sich zwei Irre zum Fechten, sagt der eine:

„Ach verdammt wir können nicht kämpfen."

Sagt der andere: „Warum nicht, was ist denn los?"

Darauf wieder der andere: „Wir haben die Würfel vergessen."

GPS

„Hallo Klaus, weißt du warum mehrere Fechter andächtig mit abgenommenen Mützen vor dem Eingang der Halle stehen?"

Klaus: „Da nach den GPS-Koordinaten des neuen billig Smartphones von Frank, sich genau dort die heilige Anlage des Petersdom in Rom befinden müsste."

Freizeitfechten

Wussten sie schon, dass Freizeitfechten unter Fechtprofis keine Verbreitung findet?

Traditionelles Treffen

Die drei Familienväter Paul, Frank und Peter treffen sich jeden Sonntag früh um zusammen zu fechten. Diesen Sonntag ist Ostersonntag und alle sind überrascht, dass es trotz Familienzwang jeden gelungen ist, zum Treffen zu kommen.

Paul: „Ich habe meiner Frau einen teuren Wellness-Gutschein geschenkt."

Frank: „Meine Frau hat von mir einen silbernen Anhänger bekommen, den sie schon immer haben wollte."

Peter: „Ich habe gestern Abend ausgiebig Knoblauch gegessen und bereits heute früh um sechs stand wie von Zauberhand meine Trainingstasche direkt neben der Tür fertig gepackt zum Abmarsch bereit."

Hammerhart!

Wussten sie schon dass unter ‚hammerharten' Fechtkämpfen keine Filme mit sexuell anrüchigen Spielszenen zu verstehen sind, auch wenn manche Fechtkämpfe der nackte Wahnsinn sind?

Neulich im Restaurant des Fechtfanatikers

Fürsorge

Beim Trainingskampf in der Pause. Nachdem der eine Fechter sein Visier entfernt hat spricht dieser zu seinem Gegner: „Schauen Sie mal durch das Panoramafenster, der Krankenwagen, der kommt sicher wegen der hochschwangeren Frau dort drüben. Na, hoffentlich ist noch nicht die Fruchtblase geplatzt." Darauf macht sein Gegner mit seinen Armen ausladende Winkbewegungen, um dem Krankenwagen aus der Entfernung zu signalisieren, wo er am besten halten kann.

Dann geht der Kampf weiter. Nach dem der Kampf beendet ist meint noch der eine Fechter: „Das war wirklich nett von Ihnen dem Krankenwagen zu helfen, schneller einen Halteplatz zu finden." Darauf der andere: „Ja selbstverständlich, immerhin handelt es sich bei der Schwangeren um meine Frau."

Auf den Hund gekommen

Zwei Fechter aus verschiedenen Vereinen trainieren an diesem Wochenende zusammen. Der eine hat einen kleinen Hund dabei und jedes mal wenn sein Herrchen einen guten Hieb setzen konnte macht dieser ein kleines Wuff und wenn er den Durchgang gewinnen konnte sogar einen kleinen Salto. Meint der andere: „Und was macht er wenn du mal nicht gewinnst?". Darauf der andere: „Dann fängt er an zu fliegen." Freund: „Das ist ja phänomenal. Wie weit denn?". Darauf wieder der andere: „Je nachdem wie gut ich ihn in der vollen Schwungphase mit meinem Fechthandschuh auf seinen Allerwertesten treffe."

Arzt

Beim Damendegen. In der Pause bemerkt eine der Damen dass der begehrte Dr. Frank zugeschaut hat und fragt ihn: „Hallo Herr Doktor wie finden sie wie ich fechte?" Darauf der Doktor: „Aber meine Teuerste, sie wissen doch als Arzt unterliege ich der Schweigepflicht."

Angeber

Downfall of mankind

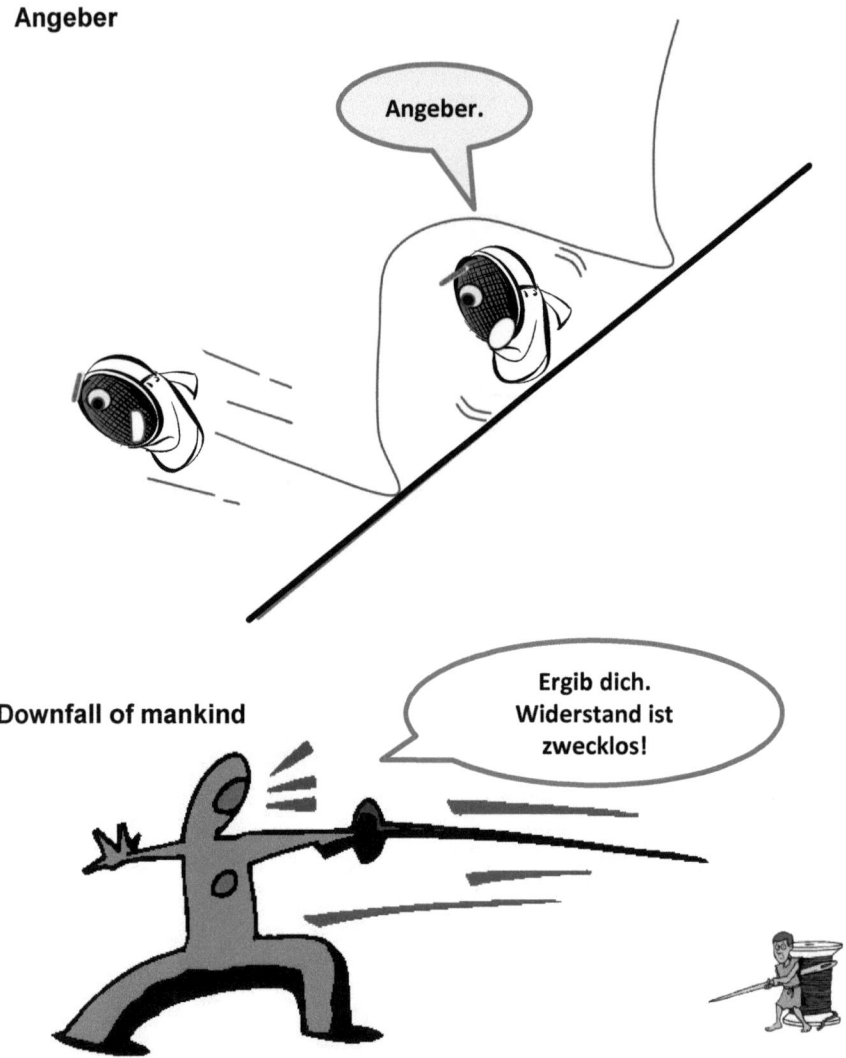

Teuflische Technik

Frank, ist das nicht regelwidrig dass Peter mit diesem Dreizack kämpft?

Nach endlosen Trainings-einheiten ist es Paul endlich gelungen, eine teuflische Technik zu entwickeln.

Nein, nicht solange wir dieses Turnier als ‚Hieb- und Stichfest' deklarieren.

Kindergeld

Wussten sie schon, dass Fechtprofis trotz kindischen Verhaltens kein Kindergeld für ihre Knallschoten auf der Fechtbahn beantragen dürfen?

Toilettengang

Ein Fechter möchte nach dem Fechtkampf in einem Sportcenter auf die Toilette gehen. Da diese zu klein ist, um seine riesige Sporttasche mitzunehmen, muss er sie vor der Tür stehen lassen. Damit sie keiner mitnimmt schreibt er auf einen Zettel: „Wer es wagt, die Tasche wegzunehmen bekommt von mir einen Fechthieb wie vom besten Fechter dieser Stadt.". Er legt den Zettel auf die Tasche und geht dann auf die Toilette. Als er wieder raus kommt ist die Tasche weg und findet statt dessen einen Zettel auf dem Boden liegend auf dem steht: „Bei so einem harten Hieb erwarte auch keine Rückkampf."

Mannschaftsessen

Wussten sie schon, dass das traditionelle Mannschaftsessen nach einem Fechtkampf kulturell unterschiedlich verstanden werden kann, so verstehen beispielsweise Kannibalen etwas völlig anderes hierunter als in unseren Breitengraden.

Gerüchte

„Weißt du schon das Neueste?"

„Nein, was denn?"

„Peter Maier unserem Vorstand geht es momentan nicht gut, ein dutzend Gläubiger sind hinter ihm her, ihm steht das Wasser bis zum Hals."

„Ja das habe ich auch gehört und morgen will er untertauchen."

Moderne Vereinsräume

„Also Herr Schulz die renovierten Vereinsräume sind wirklich toll, eine richtige Augenweide. Und diese moderne Inneneinrichtung ist schon sehr schick. Am beeindruckendsten finde ich allerdings dieses imposante 3-D Fechterbild, man könnte fast den Eindruck bekommen die Kämpfer bewegen sich." Darauf Herr Schulz:

„Ihr Eindruck stimmt, allerdings ist dies kein 3-D Bild sondern das Panoramafenster, das hinaus auf einen der Nebenfechtbahnen zeigt, auf welchem gerade unsere Senioren trainieren, und die sind immerhin im Schnitt schon über 80 Jahre alt."

Wie alles anfing

En Garde, junger Padawan.

Bewerbung

Eine junge gutaussehende Frau betritt das Sekretariat des Fechtsportvereins zwecks Bewerbungsgesprächs als neue Sekretärin. Zufällig hält sich der Trainer der Damenmannschaft im Büro auf und sortiert gerade hinter dem Schreibtisch die neu angekommenen Probefechthandschuhe der Größe nach, als die junge Frau den Raum betritt. Die junge Frau:

„Guten Tag, ich bin Frau Müller die Neue, erinnern sie sich an unser Telefonat?" Trainer:

„Das ist ja super, wir brauchen dringend eine Verstärkung in unserem Team, aber sagen sie mal kommen sie zufällig auch mit einer versteiften Größe 8 zurecht?"

Die junge Frau errötend:

„Das kann ich nicht sagen, mit so starken Stücken hatte ich es bislang noch nicht zu tun."

Zukunftspläne

Wenn ich mal erwachsen bin möchte ich ‚Zorro den maskierten Rächer , auf großen Bühnen spielen.

Tragende Rolle

2. Fitness und Techniktipps

Fleche

Schaffen sie mehr Sicherheit für ihrem Fleche durch eine beidhändige Schlagdurchführung. Es werden ihnen außerdem die erstaunten Blicke der Zuschauer ganz gewiss sein.

Übersicht behalten

Behalten sie auch beim Patinando die Übersicht, indem sie stets mit der passiven Hand ein Fernrohr vor dem Auge bilden und den Gegner damit fixieren. Lassen sie sich nicht beirren durch die vielen Stöße, die ihre Gegner jetzt ansetzen werden, gemessen in einer Lifetime Scorecard werden sie langfristig die Nase vorne haben* (*statistisch nicht berücksichtigt Gegner die mindestens genauso alt oder älter werden als sie).

Cavation

Holen sie mehr Wirkeffekt aus ihrer Cavation durch Fortführung der Drehung in eine rumpfseitig ausgeführte Luftpirouette. Kanalisieren sie dann die Ausschwungbewegung in Richtung des Gegners im sogenannten Pirouettenfilo. Achtung! Achten sie auf ein gutes Aufwärmtraining, um Verrenkungen im Vorfeld auszuschließen.

Kraftvoller Sturzangriff

Kontrollieren sie die saubere Ausführung ihres Sturzangriffes durch Loslassen ihres nicht zugeschnürten Fechthandschuhs inklusive Degens beim Ausschwung. Segelt ihr Degen zum Boden aber ihr Fechthandschuh direkt an das Visier des Gegners war der Vorstoß perfekt. Halten sie während eines Wettkampfes genügend Ersatzhandschuhe und -Degen bereit.

Kondition

Mehr Ausdauer durch mentale Suggestion. Stellen sie sich einfach vor sie laufen die ganze Zeit während des Kampfes Berg ab und ihre Gegner dagegen Berg auf. Suggerieren sie sich in der zweiten Stufe dann mentale Siebenmeilenstiefel. Sie werden sehen, mit ihrer neu gewonnenen mental geerdeten Kondition werden sie Berge versetzen.

Konzentration

Es ist wissenschaftlich erwiesen dass ein Sekundenschlaf eine enorm erfrischende Wirkung in kurzer Zeit erzielen kann. Daher rät der Profi bei länger anhaltenden Kämpfen direkt nach einem Stoß mal die Augen für ein paar Sekunden zu schließen. Der Erholungseffekt nach Wiederöffnen wird enorm sein. Sie werden weniger Druck verspüren und gehen erfrischt in die nächsten Kampf. Und je mehr sie diese Technik in einem Fechtkampf anwenden desto entspannter können sie kämpfen, bis hin zu einem souveränen Verlust mit Wohlfühlgarantie.

Linke Hände

Bei Fechtern mit zwei linken Händen wird von der Durchführung rechtsseitiger Sturzangriffe dringend abgeraten.

Handtuch

Seniorenteam

Unterhalten sich zwei Fechter, sagt der eine:

„Schau dir mal die Seniorenkämpfer des gegnerischen Vereins an, sehen ziemlich grottig aus." Sagt er andere:

„Ach so, und ich dachte schon der Friedhof um die Ecke hätte heute Wandertag."

3. Gesundheit, Pflege & Mode

Besuch beim Psychiater

Kommt ein Degen zum Psychiater und sagt: "Also ich versuche wirklich, meinem Leben einen Sinn zu geben und bleibende Abdrücke zu hinterlassen, aber alle Blessuren die ich dem Gegner im Fechtkampf zufüge sind schon nach wenigen Wochen wieder verheilt."

Fremdgehen

Unterhalten sich zwei Fechter sagt der eine:

„Hast du schon das Neueste gehört?"

„Nein, was denn?"

„Eine Frau wurde von ihrem Mann beim Fremdgehen erwischt. Aus Wut hat er diese solange mit Fechthandschuhen beworfen, bis sie in die Notaufnahme eingeliefert werden musste."

„Auweia, und welche Handschuhmarke hat er verwendet?"

Beim Arzt

Ein Mann beim Arzt. Nachdem dieser alle Untersuchungen abgeschlossen hat, schaut er mit ernster Miene zum Patienten und sagt: „Ich rate Ihnen dringend sofort mit dem Fechten aufzuhören.". Patient: „Ach Herrje, Herr Doktor steht es so schlimm um mich?". Arzt: "Das nicht, aber ihre Wettkampfergebnisse lassen keine andere Diagnose zu."

Modern Look

Unterhalten sich zwei Frauen im Foyer vor dem Fechtwettkampf, sagt die eine:

„Ja du hast recht dieser schäbige vintage–look ist wieder in, aber die anderen tragen mit Label und du nicht."

Jobrotation

Zeit

Frank und Peter unterhalten sich nach ihrem Fechtkampf

Frank: „Und Peter, wie lange fechtest du schon?"

Peter: „Seit ungefähr fünf Jahren."

Frank: „Das ist eine lange Zeit, kein Wunder dass du so müde aussiehst."

Umschulung

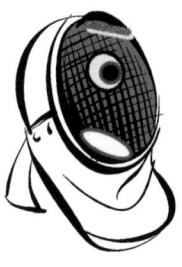

Outfit

„Hallo Tina, schön dass es heute mit unserer Verabredung zum Kaffeerinken auf der Terrasse des Fechtvereins geklappt hat."

„Wie findest du eigentlich mein neues Outfit, das mir mein Mann letzte Woche gekauft hat?"

„Ja richtig, dass ist wirklich schade, dass ihr euch noch immer nicht versöhnt habt."

Neues Outfit

Unterhalten sich zwei junge Fechterinnen, sagt die eine: „Also immer, wenn ich ein neues Sportoutfit trage gehe ich mir gleich das nächste anschaffen." Darauf die andere: „Also bei mir ist das genau umgekehrt."

Fußverletzung

Ein Fechter kommt mit stark bandagiertem Arm und humpelnd in den Vereinsraum. Darauf ein Vereinsmitglied:

„Übertrainiert?". Darauf der Fechter:

„Nein, beim Ausruhen vom Sofa gefallen."

Nichts

Creme and run

„Wow Frank, deine Beinarbeit ist einfach fantastisch. Und du hast auch ordentlich abgenommen, mindestens 10 kilo. Wie schafft man das in nur zwei Wochen?" Frank:
„Das habe ich dem neuen Fitness- und Trainingsprogramm ‚Creme and run' zu verdanken." Darauf der andere:

„Creme and run? Was ist das denn?" Frank:

„Na ja, bevor man auf die Fechtbahn zum Training geht reibt man sich die Waden mit Speck ein und wenn dann das Training beginnt nimmt der Coach seinen ausgehungerten Terrier von der Leine."

.

4. Kampfrichter

Faul

Unterhalten sich zwei Zuschauer eines Fechtwettkampfes, fragt der eine:

„Warum ruft denn der Kampfrichter permanent Faul?" Darauf der andere:

„Der eine Fechter bewegt sich nicht besonders viel und der Kampfrichter ist von Beruf Lehrer und kann offenbar auch in seiner Freizeit nicht abschalten."

Umorientierung

„Vielleicht sollte einer mal dem Ersatzkampfrichter sagen, dass wir hier nicht beim Tennis sondern beim Fechtkampf sind." Darauf der andere: „Wieso?" Darauf wieder der andere: „Na hör mal, es gibt beim Fechten keinen Aufschlag, und jedes mal ‚1st Serve, quiet please' zu rufen, wenn der eine Kämpfer zu einem Sturzangriff ansetzen will hat geht nun gar nicht."

Kampfrichter

Im Fechtwettkampf. In der Pause geht einer der Kämpfer auf den Kampfrichter zu und drückt ihm einen Euro in die Hand. Kampfrichter:

„Wie soll ich das denn bitte verstehen?" Kämpfer:

„Naja, ich dachte mir dass es sehr anstrengend für sie sein muss mehrere Stunden hier dem Nichtstun ausgesetzt zu sein. Das müssen sie sich doch nicht antun als 1 Euro Jobber. Jetzt haben sie den Euro und können gehen wohin sie wollen."

Formulierungen

Frau Müller,
Bitte sparen Sie sich endlich ihre spitzen Bemerkungen, sondern nutzen bitte stattdessen ihren Degen. Mit Worten, egal wie spitz oder treffend formuliert, wurde noch kein Fechtkampf gewonnen.

Richterkollegen

Unterhalten sich zwei Richterkollegen, sagt der eine:
„Also ich finde ja die klare Linie, die Kollege Meyer in seiner Urteilsfindung verfolgt, schon prima.". Darauf der andere:
„Na ja, aber jeden Fall immer nur mit ‚Verwarnung!' oder ‚Straftreffer!' zu bewerten...da merkt man dann schon seine Vergangenheit als Kampfrichter im Fechtsport"

Haarpflege

Vibrationen

5. Trainer & Training

Schicksale

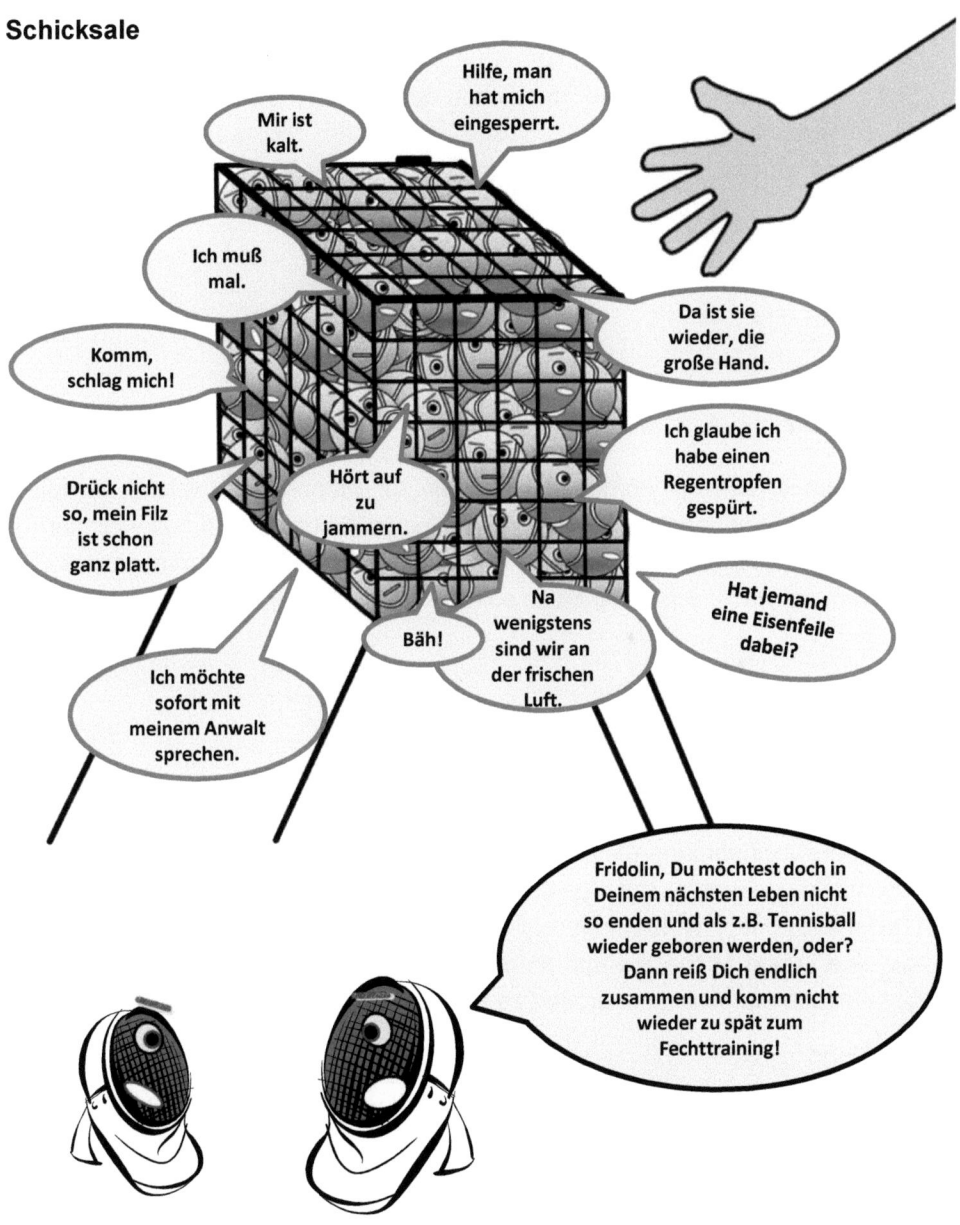

Zaungäste

Spricht der Fechtprofi zu einem Zuschauer während des Trainings:

„Seit zwei Stunden stehen sie nun schon am Ring und schauen mir dabei zu wie ich versuche, meine Fechttechnik zu verbessern. Wie wäre es, wenn sie versuchen würden, selbst mal zu fechten?" Darauf der Zuschauer:

„Nein danke, dazu bin ich viel zu ungeduldig."

Taxi Shuttle

Nach dem Wettkampf kommt der Trainer zur Mannschaft, welche gerade verloren hat und sagt: „Ich habe euch einen Shuttlebus direkt vor dem Eingang der Anlage bestellt, es wird in 4 Stunden da sein, d.h. ihr musst sofort losgehen um noch rechtzeitig da zu sein."

Ausbildung

Im Ausbildungslehrgang für angehende Fechttrainer. Ausbilder: „So nun habt ihr fast alles gelernt bis auf eine ganz wichtige Sache, die für den Erhalt eures Trainervertrages bzw. Kontingentes von großer Bedeutung ist. Bitte setzt jetzt alle eine ernste Miene auf und sprecht mir nach: Du bist ein echtes Talent. Aus dir kann mal was ganz großes im Fechten werden."

Fechtercrack

Der Lehrer unterhält sich mit Peter: „Und Peter was machst du so in deiner Freizeit?" Peter: „Ich fechte intensiv. Letzte Woche habe ich sogar ein internationales Jugendturnier gewonnen und bin dadurch mit der Vereinsmannschaft unter die Top 3 in Europa hochgerutscht."

Lehrer: „Aber Peter, das wusste ich ja gar nicht. Das könnte natürlich deine schlechten Noten in der Schule erklären. Du wirst ja wahrscheinlich jeden Tag trainieren müssen und hast dann kaum noch Zeit für die Hausaufgaben."

Peter: „Ja genauso ist es. Aber wenn es zu viel wird, dann zieht meine Mutter schon mal den Stecker aus dem PC."

Wertvolle Tipps

In einer Pause spricht der Trainer zu seinem Schützling welcher gerade hinten liegt: „So und nun machst Du mal was ganz Verrücktes."

Kämpfer: „Was denn?"

Coach: „Triff den Gegner"

Letzte Worte

Die letzten Worte eines Fechttrainers:

„So und nun alle Degen zu mir..."

Federball

Vereinstrainerin

Die Vereinstrainerin, welche einen riesen Busen hat sucht neue Übungsleiter zur Verstärkung des Trainerteams. Auf die Anzeige hin melden sich drei junge Männer. Nach dem Vorkämpfen ruft sie den ersten Kandidaten in das Vereinsbüro und stellt dann dem Bewerber einige Fragen. Zum Gesprächsabschluss stellt sie noch die folgende:

„Fällt Ihnen irgendetwas Besonderes an mir auf?" Darauf der junge Mann:

„Sie haben einen monströsen Busen." Trainerin:

„So eine Frechheit, verschwinden sie sofort!". Dann ruft sie den Zweiten herein und auch ihm stellt sie am Ende des Gespräches die Frage:

„Fällt Ihnen irgendetwas Besonderes an mir auf?". Der junge Mann:

„Sie haben einen monströsen Busen." Vereinstrainerin:

„Verlassen sie sofort das Büro!". Dann kommt der dritte Proband ins Büro und am Ende kommt wieder die Frage:

„Fällt Ihnen irgendetwas Besonderes an mir auf?". Darauf der junge Mann:

„Sie tragen einen wirklich bemerkenswerten Gürtel." Darauf die Trainerin erleichtert und ein bisschen geschmeichelt:

„Finden sie dass er mir steht?" Junge Mann:

"Nein, das nicht, aber ohne dessen Halt würde ihr monströser Busen glatt auf den Boden klatschen."

Götterdämmerung

Unterhalten sich zwei Vereinsmitglieder, sagt der eine:
„Achtung im Ring geht gleich die Vorstellung los." Darauf der andere
„Wie, was denn für eine Vorstellung?"
„Na die Götterdämmerung." Darauf der andere:
„Ich versteh nur Bahnhof, ich sehe nur den Trainer mit Peter, die gerade ihr Training starten." „Na eben, der kapiert doch schon zum x-ten mal nicht die neue Stoßtechnik und nach spätestens 15 min hörst du wiederholt den Trainer brüllen: ‚Mein Gott, wann dämmert bei dir denn endlich die Technik!'"

Fechtexperten

Duellgespräche

Hah, jetzt hab ich dich. Touche!

Wenn du schon dabei bist, dann kratz mich doch bitte weiter unten, da juckt es am meisten.

Spiegelübung

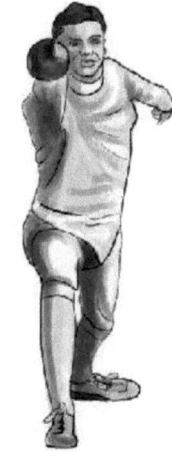

En Garde, du Schuft. Jetzt wird der Gerechtigkeit endlich Genüge getan.

Gang nach Kanossa

Der Fechter kurz vor dem Wettkampf „Der Weg von den Umkleideräumen zum Fechtbahn ist aber lang in diesem Verein und dann immer durch diese vielen Türen, das ist echt mühselig." Darauf der Trainer:
„Keine Sorge der Rückweg wird einfach." Fechter:
„Wieso?" Trainer:
„Na mit deiner Einstellung wird dich unser Gegner heute so platt machen, dass ich dich nachher beim Rückweg problemlos unter den Türen durchschieben kann."

Brille

100 Prozent

Nach dem Fechtkampf kommt der Trainer zu seinem Schützling und sagt:
„Du hast heute alle Punkte gemacht."
Fechter: „Wieso ich habe doch glatt verloren."
Trainer verärgert: „Ja deswegen ja."

Fechtpartner

Was für einen komischen Trainingspartner hat mir der Trainer jetzt schon wieder besorgt?

Deckentraining

Sein Training mit festgebundenen Füssen an der Decke ist schon sehr seltsam.

Na ja, solange er gewinnt, kann er von mir aus auch per Kopfstand auf dem Mond trainieren.

6. In der Halle

Im Zuschauerbereich

Im Zuschauerbereich während eines Fechtkampfs dreht sich eine Zuschauerin, die einen sehr ausladenden Hut trägt, zu ihrem Hintermann um und fragt: „Stört sie mein Hut beim Zuschauen?" Darauf der Mann:

„Nein überhaupt nicht und wenn sie sich wieder nach vorne drehen würden, dann könnte ich auch wieder mein Bier drauf abstellen."

Fechten international

Peter, bist du sicher dass der Einsatz dieses Kämpfers in unserer Fechtmannschaft nicht regelwidrig ist?

Ach, das merkt doch gar keiner.

Allgemeinwissen

Spricht ein Journalist im Interview zum Fechtprofi: „Man sagt ja durch das viele Training leidet das Allgemeinwissen bei den Profis, da keine Zeit zum Lernen übrig bleibt." Darauf der Profi: „Nein, das kann ich so nicht bestätigen." Darauf wieder der Journalist: „Na gut, dann beantworten sie mir bitte die folgende Frage: Wo liegt Russland?" Darauf der Fechtprofi:

„Na, weit kann es nicht sein, da unser Trainer Struganoff jeden Tag zu Fuß zum Training kommt."

Karrierehilfe

Fragt der Journalist den erfolgreichen Fechtprofi: „Und sie haben ihre Karriere ganz alleine ohne Hilfe geschafft?" Darauf der Fechtprofi:

„Das kann man so nicht sagen. Es gab da immer diese langen und spitzen Metallpickser die ich zum Sieg gebraucht hatte."

Hilfestellung

Nach dem Fechtkampf humpelt ein älterer Zuschauer gestützt auf zwei Krücken zum Verlierer des Wettkampfes, reicht ihm eine der Krücken und sagt: „Die brauchen sie dringender als ich."

Zuschauer

Im Zuschauerbereich des Fechtwettkampfes. Kurz nachdem die Namen der beiden Mannschaften genannt wurden, steht einer der Zuschauer abrupt auf und schickt sich an zu gehen, da fragt ihn sein Sitznachbar: „Wo wollen Sie denn jetzt noch hin, der Wettkampf beginnt doch jeden Moment." Sagt der andere: „Habe ich letztes Jahr schon gesehen".

Auge

Nach Ende des Matches reibt sich der Verlierer beim Verlassen der Fechtbahn intensiv die Augen, fragt ein Zuschauer: „Das war also der Grund warum Sie verloren haben, sie hatten Probleme mit den Augen und waren dadurch gehandicaped?" Darauf der Fechter: „Nein, Schlaf im Auge."

Suche

Bei einem Fechtkampf ertönt folgende Hallendurchsage:

„Achtung liebe Gäste, der kleine Peter ist verloren gegangen. Er trägt kurze Hosen und ein blaues Hemd. Falls ihn jemand sieht oder er selbst diese Durchsage hört, bitte umgehend beim Hallensprecher melden....(für einen kurzen Moment nur dumpfes Gemurmel zu hören)...und mir wurde gerade noch mitgeteilt, dass sich Peter auch auf dem Parkplatz aufhalten könnte, er fährt einen blauen Mercedes mit dem Kennzeichen B-WU3578."

Sptzenleistung

Peter, nur weile die Dame auf Spitze gehen kann, reicht dies als Kampfstärke bei Weitem nicht, um unserer Fechtmannschaft beizutreten.

52

7. Verrückte Berufe

Neue Jobs braucht das Fechten

Der Fechtsportverband hat beschlossen mehr Arbeitsplätze bei den Fechtwettkämpfen zu schaffen, um den Komfort für die Kämpfer zu erhöhen. Nun gibt es:

- Frischwind Zufächler

- Schnürband Binder

- Schweiß Abtupfer

- Kampfanzug Zurechzupfer

- Fechthandschuh feucht Abwischer

- Schlaf aus Augen Reiber

Darüber hinaus wird der flankierende Einsatz von Blindenhunden zur Unterstützung von Kampfrichtern mit Tomaten auf den Augen diskutiert.

Holzarbeiten

Wussten sie schon dass Bretter vor dem Kopf nicht nur die Sicht auf die Fechtbahn einschränken, sondern auch Zaungäste provozieren können?

Weitere Traumjobs aus der Fechtsportbranche...

➜   Strickmuster-Designer für Visiere

➜   Fechthandschuhflicker im Trainingscamp

➜   Playback Stöhner bei Fehlschlägen

➜   Punktezüchter im Fechtturnier

➜   Schnürband-Bodenturner auf der Fechtbahn

➜   Statist in der Damenumkleidekabine

➜   Seiltänzer auf den Startlinien

➜   Doppelpartner im Fechtwettkampf

➜   Schweißperlen-Ketten Designer

➜   Gehegereiniger bei Puma

➜   Streifenzähler bei Adidas

➜   Kampfrichter bei Fecht-Computerspiel

➜   Fechthandschuhpolierer bei adidas

Zzzzzzzz.....

8. Vereinstätigkeiten

(und wie sie **nicht** vergeben werden sollten)

Hallenwart: Tunichgut mit Schnarchzapfen Diplom

Kampfrichter: Hans-guck-in-die-Luft

Vereinssekretariat: Gewitterziegen mit Schreckschraubenappeal

Vereinstrainer: Luftgitarrist

Trainingsteam: In Schießbudenfiguren konvertierte HB-Männchen

Vorstand: Jammerlappen

Finanzen: Raffzähne und falsche Fünfziger

Koch Restaurant: Spaghettisultan

Betreiber Shop: Marktschreier mit dubioser Im- und Export Expertise

Oberkampfrichter: Perückenschaf mit Schlafkappenattitüde

Organisator Events: Fatalisten

Kommunikation: Quatschköpfe mit großem Tratschmaul

Mannschaftsführer: Als Klabautermänner verkleidetet Psychopaten

Junioren: Königsberger Klopse mit Baumschulzeugnis

Juniorinnen: Als Zimperliesen geoutete Milchmädchen

Herrenmannschaft	Platzhirsche
Damenmannschaft	Wuchtbrummen
Seniorenmannschaft	Tattergreise mit Zauselgarantie
Seniorinnenmannschaft:	Schabracken mit Schrulleffekt

Sportschicksale

9. Fechten in 100 Jahren

→ Erklärungen/Interviews nach dem Fechtkampf führt eine verschwitzte Avatarversion der Fechtkämpfer.

→ Es gibt Duschen direkt an der Fechtbahn. So dass auch während des Wettkampfes die Fechter sich durch eine schnelle Dusche erfrischen können.

→ Statt Mineralwasser gibt es eine Drogenmixtur aus Fencheltee, Cola, aufgelösten Kaffeebrühwürfeln und alter Capri Sonne.

→ Während der Autogrammstunde fährt ein rollender Drucker zwischen den Fans umher und druckt und verteilt ununterbrochen Autogrammkarten solange bis alle vergeben sind. Mehrfachverteilungen an gleiche Personen werden dabei in Kauf genommen.

→ Die Fechter haben Anspruch auf ein Fußbad im Rahmen des Wettkampfes. In Zukunft steigt die Wichtigkeit des Gesundheitsaspektes enorm an und der Fuß bekommt nun nach jahrelangen Fußtritten und Herumgetrampel endlich die Anerkennung, die er schon lange verdient hat.

→ Durch mobile Rückenwindmaschinen gibt es einen ordentlichen Rückenwind für den, der gerade angreift.

→ Ein ausdauernder Schattenspender spendet jedem Kämpfer die ganze Zeit Schutz vor dem grellen Scheinwerferlicht indem er ihn den ganzen Fechtkampf hindurch mit einem hochgehaltenen Sonnenschirm hinterherläuft.

→ Fechter mit schlechten Angriffsstößen haben nun die Möglichkeit für die entscheidende Runde im Rahmen eines *Outtaskings* einen Fechter mit guten Sturzangriff zu mieten.

→ Zur Abkühlung nach dem Fechtkampf ist nur das Bad in der Menge oder das Bad im Ruhm des Erfolges gestattet.

→ Um den weiter entfernten Gegner überraschend attackieren zu können, wird es die Intelligente maschinelle Armverlängerung geben, die sich automatisch über ein entsprechendes Implantat aktivieren lässt.

→ Es wird intelligente Fechtsportbrillen geben, welche just-in-time die aktuelle Kampfsituation analysieren und zielgenau Hinweise geben können wohin der nächste Stoß optimal zu platzieren ist und wie man sich danach bewegen muss.

→ Es wird eine Stöhn Maschine geben, die immer dann stöhnt, wenn es der Fechtkampfer während eines Fehlschlags mal vergessen hat.

→ Fechtsportkämpfe werden nur noch von Robotern bestritten, menschliche Kämpfer sind im Vergleich einfach nicht mehr gut genug und agieren nur noch als Schmiermittelholer und Ölkannenhalter.

Trendsport: blind fencing

10. Gesucht wird …

..ein neuer Vereinstrainer

Unser neuer Vereinstrainer muss den folgenden Anforderungen gerecht werden:

➢ Muss Tag und Nacht zur Verfügung stehen um **allen** Bedürfnissen der Vereinsmitglieder gerecht zu werden.

➢ Technikerausbildung gefordert zur kostenlosen Reparatur sämtlicher Geräte… von den Vereinsmitgliedern.

➢ Der Vereinstrainer ist auch der Schlüsselträger vom Isolationsraum im Vereinshaus, um trainingsunwillige Fechtkämpfer bei Widerspruch als Strafe für gewisse Zeit wegzusperren zu können.

➢ Muss trinkfest sein, um kurz vor entscheidenden Fechtwettkämpfen die Kämpfer der Gegenmannschaft, gelockt durch Gratisdrinks unter den Tisch trinken zu können.

➢ Führen einer Hunde- und Katzenpension in der Urlaubszeit für die Tiere der Vereinsmitglieder.

➢ Betreiben einer Website zur Partnervermittlung um die Mannschaft durch Abwechslung motiviert zu halten, natürlich erst nach persönlichen Qualitätscheck der Probanden/innen.

➢ Bei Reisen mit der Mannschaft muss der Trainer vor Ort im Hotel Küchenarbeit leisten um die Reisekosten für den Verein möglichst gering zu halten.

➢ Arrangement ‚zufälliger‘ Unfälle für die Top Kämpfer des nächsten gegnerischen Teams.

- Lernen mit Elektroschocks; Fachkenntnisse als Elektriker notwendig zum fachgerechten Einbau und Wartung entsprechender Vorrichtungen in den Fechthandschuhen der Fechter inklusive zentraler Fernbedienung.

- Pflichtbesuch des Seminars ‚Moderne Motivations(rat)schläge ohne Narbenbildung' als Selbstzahler.

- Bereitschaft zeigen, sich notfalls wochenlang nicht zu waschen um die Leistung der Gegner in den Turnieren durch gezieltes Stinken negativ zu beeinflussen (z.B. Zuschauen auf der Gegnerseite, Nähe zum Kämpfer suchen durch Stellen von dummen Fragen).

- Muss sowohl wüste Beschimpfungen als auch körperliche Züchtigungen der Vereins- und Mannschaftsmitglieder bei verlorenen Punkten/Kämpfen ohne Gegenwehr hinnehmen bzw. über sich ergehen lassen. Dient damit auch positiv der Agressionsbewältigung der Fechter.

- Beherrschung perfekter Techniken um den Fechtern übertrieben lautes Stöhnen, Brüllen, Fluchen bei verlorener Kampfführung beizubringen und damit zur Störung der Konzentration der Gegner im Wettkampf beizutragen.

..ein neuer Mannschaftskämpfer

- Muss sexy oder absolut hässlich sein, um durch Auswahl entsprechender Kleidung, oder auch gezieltes Weglassen derselben die Kämpfer/innen der Gegenmannschaft aus dem Konzept zu bringen.

- Muss sich genau über die Kämpfer der gegnerischen Mannschaft informieren, um durch gezielte Gemeinheiten und treffende Beleidigungen die Gegner zu verunsichern.

- Muss eine Woche Kellnerdienst im Vereinscafe ohne Bezahlung pro verlorenen Wettkampf ableisten.

> Hat schauspielerisches Können nachzuweisen. Für einen taktischen Wettkampfabbruch sind Erfahrungen in Simulation von Herzattacken und psychopathischen Ausrastern mit massiven Bedrohungsgesten Richtung Gegner erforderlich.

> Soll über Fähigkeiten als Entertainer bzw. auch Pausenclown verfügen zwecks Hebung der Stimmung und Moral der Mannschaft während der Wettkämpfe.

Werbung

Absolut nervend, diese automatisch eingespielten Werbesprüche, sobald sich unsere Degen kreuzen.

„Wilkinson, die beste Rasur!"

Schlagende Verbindung

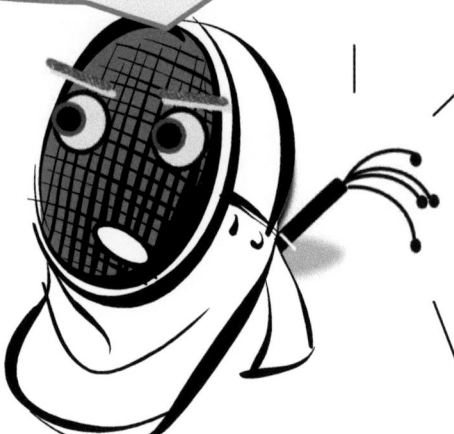

Na, du kannst es wohl kaum erwarten geschlagen zu werden, was? Leider muss ich dir mitteilen, dass dein Fechtkampf heute ausfällt. Dafür habe ich aber Zeit...

Annoncen aus der Vereinszeitung

- Vermiete großräumigen Hosenstall für intensives Ausdauertraining

- Einsamer Wanderpokal sucht zementierten Sockel zum Anlehnen

11. Zehn Anzeichen, dass sie verrückt nach Fechten sind

1. Die Ausrichtung ihrer Wohnung geschieht nicht nach Feng Shui sondern nach der Struktur einer Fechtbahn

2. Der Handschlag erfolgt nur noch mit Fechthandschuh

3. Die Höhe des Zauns in ihrem Gartens entspricht genau der Höhe ihres Degens

4. Sie genießen das Gefühl, einen neuen Degen in der Hand zu halten mehr als die Berührungen ihrer Frau.

5. Sie kennen alle Kampfergebnisse ihres Fechtsportvereins vom Wochenende auswendig, haben aber keine Ahnung, was gerade in der Welt vorgeht.

6. Sie finden es witzig mal etwas anderes anzuziehen als ihre Fechtsportsachen

7. Sie finden das voll fair, dass ihr/e Partner/in fremdgeht, wenn sie dadurch mehr Freiraum fürs Fechten bekommen.

8. Sie hören bei einem romantischen candle light dinner nur dann ihrem Gegenüber zu, wenn dieser bestimme Schlüsselworte fallen lässt, wie z.B. Filo, Ausfall, Florett.

9. In ihrem Navi ist ihr Fechtsportverein als Heimatadresse hinterlegt

10. Sie kaufen nur noch Stifte in einer Größe, welche sie auch mit ihrem Fechthandschuh nutzen können.

12. Das wirklich Allerletzte

Kultur & Fechten

Zwei Freunde machen einen Kombinationsurlaub ‚Kultur & Fechten' am Mittelmeer. Am Marktplatz im Urlaubsort erhalten sie vom Reiseleiter Instruktionen:

„Sie gehen jetzt diese Straße dort drüben lang, da werden sie auf dem Weg zur Hotelanlage auf einheimische Straßenhändler treffen, die landestypische Waren im Angebot haben und mit denen sie auch feilschen können. Weiter hinten begegnen Ihnen noch einige Straßenmusiker. Am Ende des Weges liegt die Hotelanlage mit den Fechtbahnen auf denen sie heute zwei Stunden kostenlos zusammen mit einem ehemaligen Fechtweltmeister trainieren dürfen."

Die beiden Freunde machen sich gleich auf den Weg und starten ihre Tour die besagte Straße entlang. Bereits nach ein paar Metern gabelt sich diese und da beide abgelenkt sind und sich bewundernd eher die hübschen Häuser mit ihrer üppigen Blumenpracht der Balkone anschauen, laufen sie statt den Weg zur Hotelanlage zu nehmen, den Weg zum Hafen herunter. Nach ein paar Minuten begegnet Ihnen ein Einheimischer der den beiden Uhrimitate und ‚etwas zu rauchen' verkaufen möchte, was beide sofort ablehnen. Daraufhin werden sie wüst beschimpft und bevor der Verkäufer verschwindet, spuckt er auch noch verachtend vor ihnen aus. Etwas geschockt und verwirrt gehen die Freunde weiter die Straße entlang, als sie plötzlich von mehreren Männern mit der Forderung nach Geld in eine dunkle Seitengasse gedrängt werden. Beiden wird ein Messer an die Kehle gehalten und zwar so stark und lebensbedrohlich, dass bereits etwas Blut den Hals der Touristen herunterläuft. Da meint der eine Freund:

„Ich glaube der Reiseleiter hat uns reingelegt, und wenn wir am Hotel sind, müssen wir bestimmt auch noch für das Fechttraining heute bezahlen."

Überzahl

Landesmeister

Teuflisch guter Fechter

Blind Date

Zwei Zuschauer eines Fechtwettkampfs unterhalten sich, sagt der eine: „Ich glaube der linke Kämpfer verwechselt den Kampf mit einem blind date." Fragt der andere: „Wieso?" Darauf wieder der andere; „Na weil der wie mit Tomaten auf den Augen kämpft."

König Fechthandschuh

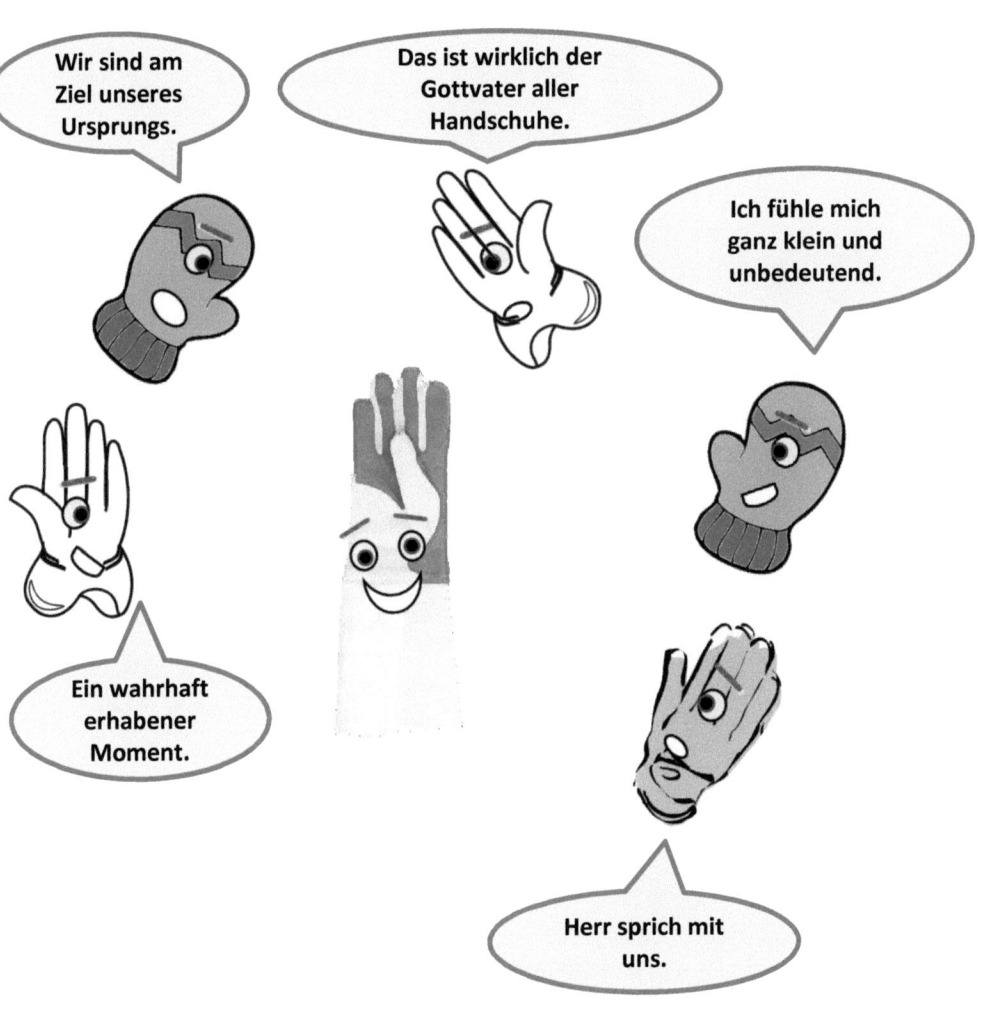

Filzmantel

Und wo genau bekommt man diesen schönen Filzmantel her?

Chairman

„Hast du schon gehört, mein Schwager ist jetzt schon seit drei Wochen Chairman von diesem neuen internationalen Fechtturnier." Darauf der andere: „Toll dann hat er sich ja als Verkäufer aus der Tisch- und Stühleabteilung fachlich weiterentwickelt. Es soll ja auch ganz viele Stühle in bei diesem Fechtturnier geben, das dauert natürlich bis die alle durchgeputzt sind."

Aktuelle Umfrage

‚Benötigen Fechtsportvereine mehr IT Fachexperten?‘

Nein: 0%

Ja: 0

1.   If Ja <101 then Ja = Ja +1

2.   If Ja <101 then Print ‚Ja:‘Ja‘%‘; Goto 1.

3.   end

Ja: 1%

Ja: 2%

Ja: 3%

Ja: 4%

......

Wie uns die Umfrageergebnisse eindeutig zeigen, erfreuen sich die IT Fachleute im Fechtsportbereich einer wachsenden Beliebtheit.

Umwelt

Bitte daran denken:
Nicht mehr gebrauchte ebooks bitte fachgerecht entsorgen!

Alles im Eimer – Smalltalk von ausgedienten Fechthandschuhen

Bücher von Theo von Taane:

„Mein Schlag war nicht zu weit,
macht doch das Feld länger !"
*ISBN: **9783735794604***

„80% meiner Freizeit verbringe
ich hilflos in Drehtüren!"
*ISBN: **9783735758125***

ebook Spiele von Theo von Taane:

„Schnappt Ede!"
Für 2 - 4 Spieler; Alter: 6 – 99 Jahre
*ISBN: **9783734721748***

„Die spannende Geschenkejagd!"
Für 2 – 4 Spieler; Alter: 6 – 99 Jahre
*ISBN: **9783734721755***

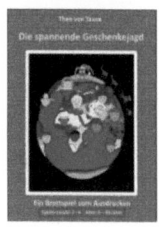

„Das Kuck-Kuck Spiel !"
Alter : 0 – 3 Jahre
*ISBN: **9783734723827***

„80% meiner Freizeit verbringe ich hilflos in Drehtüren!"
ISBN: **9783735758125**

Inhaltsverzeichnis

<u>Untertagewerk</u> – Das Leben ist hart, bisher hat es noch keiner überlebt!

Auf dem Friedhof

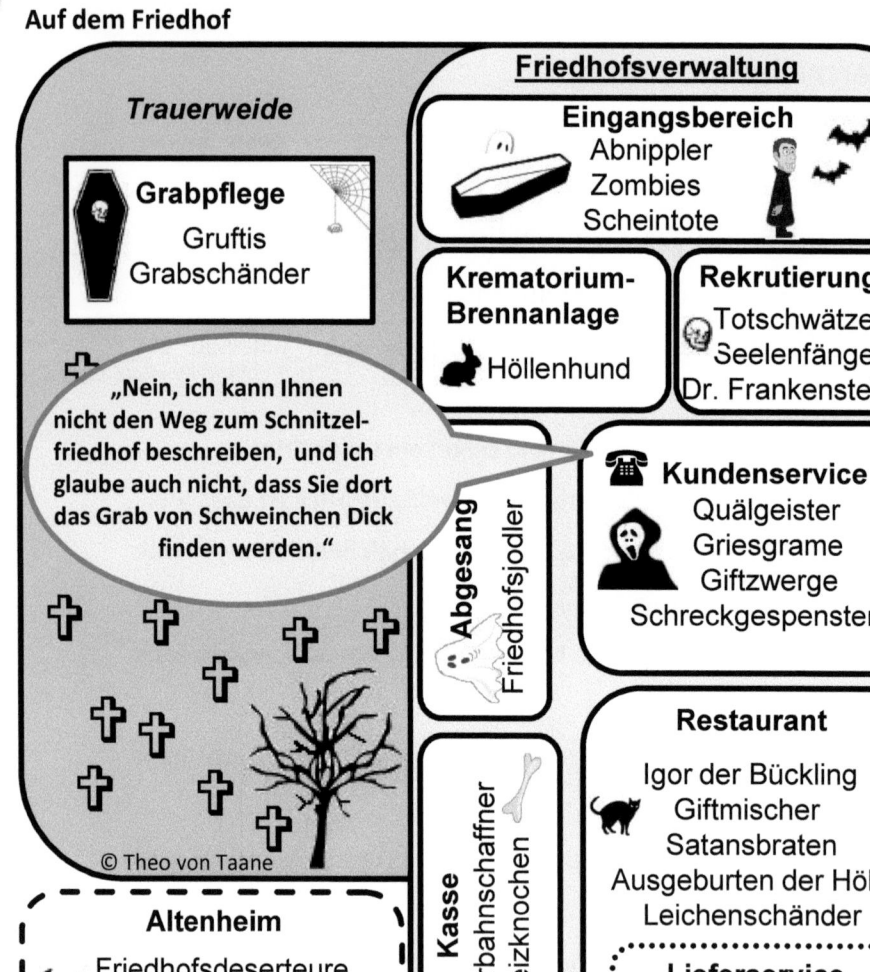

Trauerweide

Grabpflege
Gruftis
Grabschänder

„Nein, ich kann Ihnen nicht den Weg zum Schnitzelfriedhof beschreiben, und ich glaube auch nicht, dass Sie dort das Grab von Schweinchen Dick finden werden."

© Theo von Taane

Altenheim
Friedhofsdeserteure
Grottenolme
Gewitterhexen
Vampire

Abgesang Friedhofsjodler

Kasse Geisterbahnschaffner Geizknochen

Friedhofsverwaltung

Eingangsbereich
Abnippler
Zombies
Scheintote

Krematorium-Brennanlage
Höllenhund

Rekrutierung
Totschwätzer
Seelenfänger
Dr. Frankenstein

☎ **Kundenservice**
Quälgeister
Griesgrame
Giftzwerge
Schreckgespenster

Restaurant
Igor der Bückling
Giftmischer
Satansbraten
Ausgeburten der Hölle
Leichenschänder

Lieferservice
Geisterfahrer
Plagegeister

74

Im Solarium

© Theo von Taane

<u>Abhubfantasien</u> – Bergab geht's schneller als zu Fuß!

Auf dem Flughafen

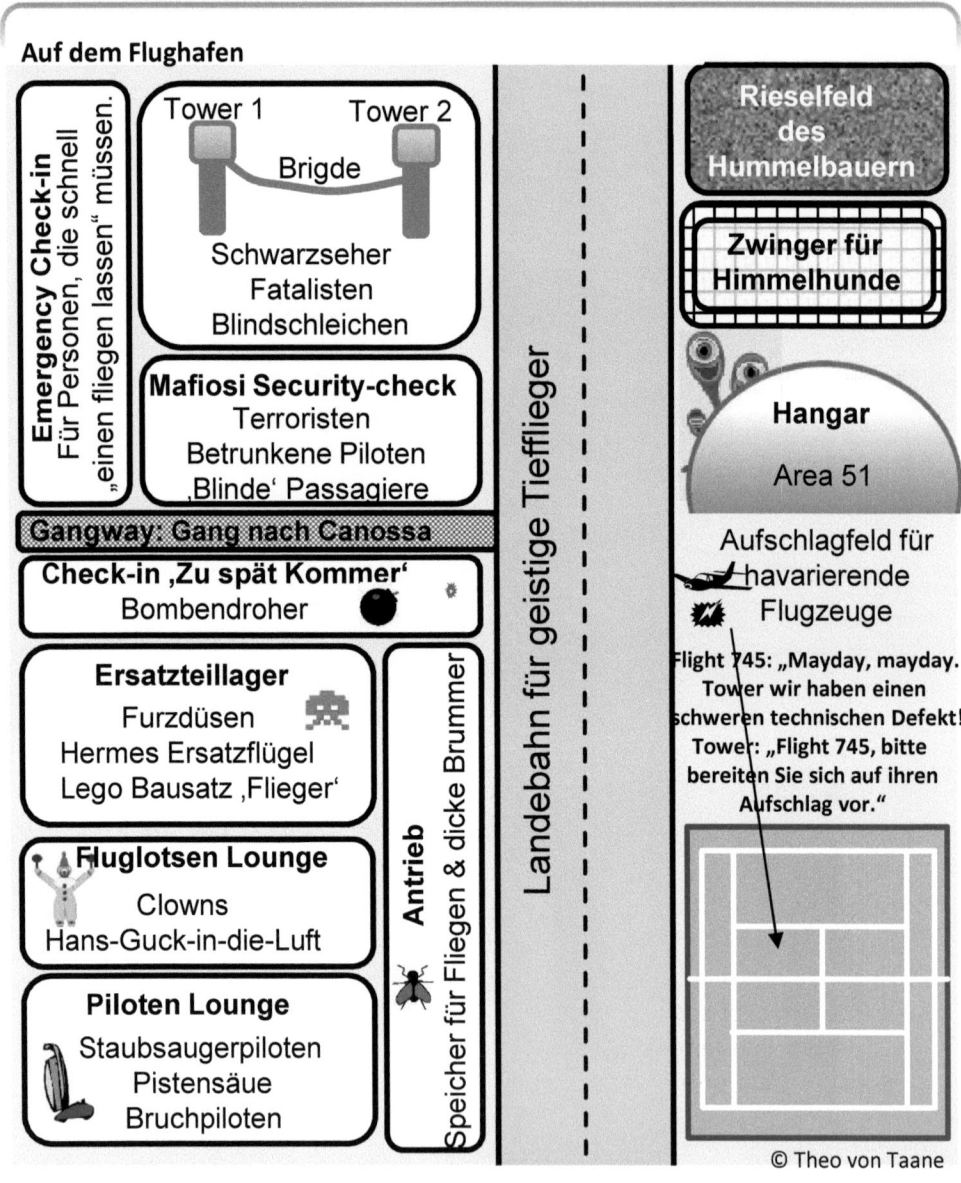

Emergency Check-in
Für Personen, die schnell „einen fliegen lassen" müssen.

Tower 1   Tower 2
Brigde
Schwarzseher
Fatalisten
Blindschleichen

Mafiosi Security-check
Terroristen
Betrunkene Piloten
‚Blinde' Passagiere

Gangway: Gang nach Canossa

Check-in ‚Zu spät Kommer'
Bombendroher

Ersatzteillager
Furzdüsen
Hermes Ersatzflügel
Lego Bausatz ‚Flieger'

Fluglotsen Lounge
Clowns
Hans-Guck-in-die-Luft

Piloten Lounge
Staubsaugerpiloten
Pistensäue
Bruchpiloten

Antrieb
Speicher für Fliegen & dicke Brummer

Landebahn für geistige Tiefflieger

Rieselfeld des Hummelbauern

Zwinger für Himmelhunde

Hangar
Area 51

Aufschlagfeld für havarierende Flugzeuge

Flight 745: „Mayday, mayday. Tower wir haben einen schweren technischen Defekt!"
Tower: „Flight 745, bitte bereiten Sie sich auf ihren Aufschlag vor."

© Theo von Taane

Notfall

Der Pilot aufgeregt an den Tower:

„Mayday, mayday. Der Motor ist ausgefallen und wir befinden uns im direkten Sinkflug! Wir werden alle sterben!!!" Darauf der Tower:

„Nur die Ruhe, Sie sehen das zu negativ." Pilot verwundert:

„Was, wieso?" Darauf wieder der Tower:

„Na, Sie wissen doch, Totgesagte leben länger."

Luftkurierdienst

„Unsere Luftkuriere sind die Flexibelsten in der ganzen Luftfahrtindustrie und schon von einem ganz besonderen Schlag". Darauf der Andere:

„Wie von welchem denn?" Darauf wieder der Andere:

„Vom Taubenschlag."

Pilot

Kurz vor dem Abflug. Die Passagiere sitzen bereits und warten noch auf das Erscheinen des Piloten. In diesem Moment taucht dieser augenscheinlich blind, mit Hund und Blindenstock am Flugzeugeinstieg auf und entschwindet sogleich unter den erstaunten Blicken der Passagiere in das Cockpit. Ehe jemand etwas sagen kann, ist die Maschine bereits am Starten und hebt unter hysterischem

Geschrei der Passagiere sauber ab. Nachdem die Maschine am Zielort ebenso wieder problemlos gelandet ist, geht einer der Passagiere zu dem Piloten, als dieser gerade die Maschine verlassen will und spricht ihn an:

„Wie haben Sie denn das schaffen können, völlig blind, die Maschine so sicher zu starten, zu fliegen und auch wieder zu landen?"

„Ach das ist nichts Besonderes, das war Teil meiner Ausbildung."

Antwortet der Hund.

Ausrüstung

Das Flugzeug ist am Abstürzen direkt über dem Meer, da sagt der eine Pilot:

„Um Gottes Willen, wir werden ins Meer stürzen!!!". Darauf der andere:

„Das ist dumm, genau jetzt habe ich natürlich meine neue Taucherbrille nicht dabei."

Landung

Freitag abend auf dem Rückflug FFM nach BLN. Das Flugzeug kreist schon seit einer halben Stunde über dem Flughafen und wartet ungeduldig auf eine Landegenehmigung vom Tower. Der Co-Pilot hält es nicht mehr aus und funkt wieder den Tower an:

„Flight 4711 an Tower: Wann bekommen wir endlich grün für eine Landebahn. Flight 4711 Ende." Darauf meldet sich der Tower:

„Tower an Flight 4711: Die Erlaubnis kann nur unser Supervisor erteilen. Tower Ende." Darauf wieder der Pilot:

„Flight 4711 an Tower: Wann wird uns der Supervisor die Landeerlaubnis erteilen? Flight 4711 Ende." Darauf der Tower:

„Tower an Flight 4711: Nicht vor Montag, solange ist er noch in Urlaub. Tower Ende."

Im Cockpit

„80% meiner Freizeit verbringe ich hilflos in Drehtüren!"
*ISBN: **9783735758125***

Rubrik: Spiele

„Die spannende Geschenkejagd!"
Für 2 – 4 Spieler; Alter: 6 – 99
Jahre
*ISBN: **9783734721755***

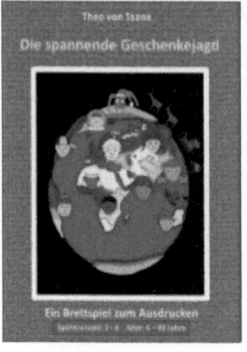

Kurzbeschreibung

Der Weihnachtsmann ist in Rente gegangen und der Osterhase hat seinen Job mit übernommen. Doch der Streß war zuviel; weltweite Geschenkverteilung zu Weihnachten, das Ganze noch mal zu Ostern und immer alle Wünsche richtig merken! Das haut den stärksten Hasen um!

Jetzt ist erst einmal Urlaub angesagt, doch wer übernimmt in dieser Zeit den Job vom 'Weihnachtshasen'   ?
Es muß ein Vertreter her, doch nicht irgendeiner. Nur der Beste kann es sein. Bis zu vier Spieler können an diesem Geschenkejagd-Wettstreit teilnehmen. Bist du gut genug?

Alter: 6-99 Spielerzahl: 2-4 Spieler

Spielinhalt (zum Ausdrucken):

1 Spielfeld, 50 Geschenkkarten, 4 Wunschlistenspielfelder

Du brauchst noch:

- 4 Spielfiguren, 1 Würfel, 1 Farbwürfel (optional)

- und zum Ausdrucken: PC mit Windows Betriebssystem / Farbdrucker

Eine Probeversion für 2 Spieler ist ebenfalls in diesem Onlinestore erhältlich (Suchbegriff: Geschenkejagd)

Die gute Laune beginnt schon mit der Erstellung des do-it-yourself Spiels. Eine Schritt-für-Schritt Anleitung ist enthalten.